AF311109

27
Ln. 20144.

NOTICE

BIOGRAPHIQUE

SUR

VAUVILLIERS (JEAN-FRANÇOIS)

Professeur de littérature grecque au Collège royal de France.

Membre de l'Académie des Inscriptions et Belles-Lettres.

Député au conseil des Cinq-Cents, etc., etc.

PARIS

LIBRAIRIE DE FIRMIN DIDOT FRÈRES, FILS ET Cie

IMPRIMEURS DE L'INSTITUT, RUE JACOB, 56.

1859

NOTICE BIOGRAPHIQUE

SUR

VAUVILLIERS (JEAN-FRANÇOIS)

VAUVILLIERS (Jean-François), illustre helléniste, l'un des esprits sages et fermes qui se sont fait remarquer dans la révolution, naquit à Paris, le 24 septembre 1737. Il y fit de fortes études, et ses succès dans l'université eurent un éclat inaccoutumé.

A l'âge de vingt-deux ans, et durant l'espace de sept années, il suppléa son père, dont la santé était chancelante, dans la chaire de lecteur et de professeur de littérature grecque au Collége royal de France, et en 1766 il fut jugé digne d'être appelé à lui succéder. Il s'était déjà acquis une telle considération pendant sa suppléance, qu'aussitôt après son installation il dut à la confiance qu'il avait inspirée d'être placé à la tête de l'administration de sa compagnie, et chargé par elle de la surveillance et de la conduite de toutes les affaires qui la concernaient.

Dans les circonstances importantes, c'était toujours sur lui que se portait le choix de ses collègues. C'est ainsi qu'il eut l'honneur de faire au roi et à M. le duc de la Vrillière le discours de remercîment pour le rétablissement et la réorganisation du Collége royal; c'est ainsi qu'il fut désigné par sa compagnie pour prononcer l'éloge funèbre de Louis XV, dont elle ordonna l'impression en latin et en français.

Vauvilliers, spécialement adonné à la culture des lettres, montra bientôt que son aptitude et ses talents pouvaient embrasser le champ, plus vaste, de la politique et de la science des gouvernements.

En 1769, il faisait paraître un ouvrage ayant pour titre : *Examen historique et politique du gouvernement de Sparte, ou Lettre à un ami sur la législation de Lycurgue* (1 v. in-12).

C'était une réponse aux *Doutes proposés par M. l'abbé Mably contre l'ordre naturel et essentiel des sociétés politiques*, et aussi la réfutation raisonnée des opinions si tranchées de ce publiciste sur l'excellence des institutions du législateur de Lacédémone. C'était le début de Vauvilliers dans ces matières si épineuses et si ardues, qui plus tard devaient être l'objet de ses plus sérieuses méditations.

L'époque était toute politique. Déjà l'on préludait à de nombreuses innovations, et Vauvilliers, jeune et ardent, partageait la disposition des esprits. La censure prétendit interdire la publication de l'écrit; mais la défense venait de plus haut : elle partait du chancelier Maupeou, blessé de quelques allusions fines et spirituelles sur les vices et les abus de l'administration. On exigeait de l'auteur la suppression de ces passages, et c'étaient ceux auxquels il tenait le plus. Il s'y refusa péremptoirement. Surpris d'une résistance aussi prononcée, le chancelier voulut avoir un entretien avec lui. Cette conférence eut pour Vauvilliers la plus favorable issue. Il s'y expliqua avec tant de modération et de loyauté, il y démontra avec tant de clarté et de force de raisonnement que ses pensées avaient été mal saisies et mal interprétées, que le chancelier n'insista plus, et qu'au moyen d'un léger sacrifice d'expressions sans importance il permit la publication; mais on n'ignorait dans Paris ni l'opposition des censeurs ni l'intervention personnelle du garde des sceaux, et quand le livre parut, il fut recherché avec une avide curiosité. C'était un succès, mais un succès de circonstance, et qui ne pouvait suffire à l'esprit actif et judicieux de l'auteur.

En 1772, il faisait imprimer son *Essai sur Pindare*, première traduction poétique de ce prince des lyriques grecs, qu'il avait étudié avec passion et dont il reproduisait toutes les beautés dans notre langue avec autant de sagacité que de goût et de bonheur. Tel est le sentiment du célèbre Heyne, qui se plaît à faire ressortir la profondeur du travail du traducteur, l'élégance du style et la finesse critique du jugement : *studium, judicii elegantiam, grammaticum acumen* (V. Heyne, vol. I, *Præf. ad Pindarum*).

La passion de Vauvilliers pour le poëte de Thèbes était portée à un tel degré qu'elle lui inspira le désir d'apprendre la musique, afin de mieux juger le rhythme et l'harmonie de ses vers, qu'il faisait noter et chanter par un compositeur habile. Il espérait ainsi saisir dans la différence des longues et des brèves, en les comparant avec les notes musicales et le sens des meilleures éditions, les corrections qu'il convenait de faire au texte de Pindare, défiguré par les copistes de ses plus anciens manuscrits.

A la mort de Capperonnier, en 1774, il fut choisi pour continuer les travaux de ce savant et donner ses soins à l'édition de *Sophocle* qu'il avait préparée (2 vol. in-4°, 1781). C'est, selon M. Dacier, juge compétent, l'un des plus beaux titres de Vauvilliers comme helléniste.

Un autre helléniste, Brunck, ne s'est point rangé à cette opinion. Il avait lui-même donné une édition de Sophocle, et Vauvilliers, quoique dans des formes polies, avait réfuté quelques-unes des opinions émises par Brunck dont plusieurs assertions lui paraissaient hasardées. L'orgueil de ce dernier en fut profondément blessé, et il voua une telle haine à son contradicteur qu'il l'attaqua dès lors avec la plus véhémente animosité. C'est ce qu'explique Harles,

le savant éditeur de la Bibliothèque de Fabricius (tome II,
p. 224), dans des termes qui vengent Vauvilliers de ces at-
taques grossières et inqualifiables, en même temps qu'ils
démontrent la justesse de ses observations critiques, faites
avec autant de discernement que de modération.

Sa réputation littéraire le désignait depuis longtemps pour
l'Académie des Inscriptions et Belles-Lettres. Une place y
devint vacante en 1782, et il y fut appelé par un suffrage
presque unanime. A une précédente nomination, il avait été
ballotté avec M. de Choiseul-Gouffier, qui l'avait emporté
sur lui dans le résultat du scrutin, et qui à des titres d'ailleurs bien établis réunissait l'avantage d'une haute position
sociale. Toutefois c'est à cette rivalité qu'il dut l'amitié du
nouvel académicien, qui, dès le lendemain de l'élection, vint
avec la plus exquise courtoisie s'excuser en quelque sorte d'a-
voir été plus heureux que lui dans la répartition des voix, et
lui promettre son concours et celui de ses amis à la première
vacance : conduite noble et généreuse, bien faite pour adoucir
le vif froissement qu'il avait dû ressentir de la préférence
accordée à son honorable compétiteur.

Vauvilliers avait continué ses études sur Pindare, et le
jour où, pour la première fois, il prit place dans le sein de
l'Académie, il crut devoir lui faire hommage d'un travail qui
par sa nouveauté lui semblait mériter les regards des savants
auxquels il avait l'honneur de le présenter. Il donna lecture
de sa traduction de la quatrième Isthmienne, qui fut à très-
peu d'intervalle suivie de trois autres odes, les quatrième et
huitième Néméennes et la septième Olympique. Ces quatre
odes sont insérées dans les Mémoires de l'Académie des Inscriptions (tome XLVI, p. 223 à 284), précédées d'analyses
raisonnées et accompagnées de notes intéressantes très-déve-
loppées (1).

(1) Ces quatre odes sont reproduites dans la présente édition,
avec les six premières, comprises dans l'*Essai sur Pindare*, et

A la fin de 1784, le Roi ayant jugé utile de créer un comité de huit académiciens pour l'examen approfondi des manuscrits orientaux, grecs, latins et français de sa bibliothèque, Vauvilliers fut un des trois membres désignés pour les manuscrits grecs et latins.

C'est à partir de ce moment qu'il composa ses belles notices sur Eschyle, imprimées dans le recueil des manuscrits du Roi (t. I, in-4°, 1787).

Il avait antérieurement publié de remarquables *Extraits d'Auteurs grecs à l'usage de l'École militaire* (6 vol. in-12, 1768); une dissertation pleine d'intérêt sur Horace, sous forme de *Lettre adressée aux auteurs du Journal des Savants* (1 vol. in-12, 1767); une idylle sur la naissance du Dauphin (1781, in-4°); on lui doit un *Abrégé de l'histoire universelle sacrée et profane*, ou recueil d'estampes gravées par les premiers artistes, représentant les sujets les plus frappants, avec les explications qui s'y rattachent (2 vol. grand in-4°, 1787 à 1790); des *Vies pour le recueil des portraits des hommes et des femmes illustres*, gravures de Duflos jeune (1787, in-4°); enfin, des notes savantes pour l'édition du *Plutarque* d'Amyot, de Cussac (1783 à 1787, 18 vol. in-8°). L'écriture homérique avait été de sa part l'objet d'une étude spéciale, et il en fait mention dans l'une de ses annotations sur la tragédie d'*OEdipe à Colone* (v. 137, t. II, p. 2). Il résulte aussi d'une note écrite de sa main qu'une traduction de *Thucydide* qu'il avait entreprise était presque achevée; il en parle dans la préface de *Sophocle* (p. iij) et dans les notes sur *Électre* (v. 330, t. I). Malheureusement elle ne s'est point retrouvée, et c'est une perte regrettable pour le monde savant. Tout porte à croire qu'elle a été comprise dans un très-grand nombre de papiers saisis chez lui lors des diverses arrestations qu'il a eu à subir pendant la révolution, et,

sept autres, inédites, qui n'ont point paru indignes de fixer l'attention des amis des lettres.

malgré toutes les recherches, il a été impossible d'en découvrir la trace dans les dépôts publics.

Dès 1789 Vauvilliers se mêla aux mouvements de la grande
réforme qui se préparait. Ses talents, sa réputation, attirèrent
sur lui l'attention de ses concitoyens.

A sa première réunion le district de Sainte-Geneviève lui
déféra la présidence, et le choisit comme l'un de ses électeurs
pour la nomination des députés de Paris aux états généraux,
pour le représenter à l'assemblée de la commune, et pour
faire en même temps partie, à l'hôtel de ville, du conseil
municipal.

Lors de l'élection des vingt députés titulaires et des vingt
députés suppléants aux états généraux, après avoir été ballotté dans plusieurs scrutins pour la députation, il obtient la
première nomination comme député suppléant. Plus tard,
par la mort de l'un des vingt titulaires, Vauvilliers aurait pu
user de son droit de siéger à l'Assemblée nationale ; il ne le
voulut point : il s'abstint, sans s'expliquer sur les motifs de
son refus, mais évidemment parce que dans son opinion
cette assemblée avait outre-passé son mandat et n'était plus
les états généraux.

Au mois d'août 1789 il fut élu président de la commune,
et réélu plusieurs fois, jusqu'au moment où il se trouva in-
vesti du poste de lieutenant de maire de Paris.

C'est comme président de la commune que, pendant une
nuit de sédition (22 septembre 1789), fomentée par une cou-
pable faction, avant les trop fameuses journées des 5 et 6
octobre, il sauva le roi et la famille royale, qu'une populace
effrénée avait résolu d'arrêter à Versailles. Vauvilliers ne fut
informé du complot qu'au dernier moment, à une heure du
matin ; mais il le sut heureusement encore assez tôt pour
courir chez le général Lafayette, commandant en chef de la
garde nationale, et lui remettre l'ordre signé de sa main
d'envoyer à l'instant même six cents hommes et quatre pièces
de canon au pont de Sèvres pour barrer le passage à l'émeute.

L'ordre fut ponctuellement exécuté; l'intrigue et l'audace furent comprimées, et le complot avorta.

Au commencement d'octobre Vauvilliers, en sa qualité de lieutenant de maire, fut appelé par la ville de Paris à l'administration de ses approvisionnements. L'époque était bien rapprochée de celle où MM. Foulon et Berthier de Sauvigny furent si inhumainement massacrés par une populace insensée et sanguinaire. La capitale était menacée d'une famine presque inévitable; il fallait un homme qui voulût bien mourir pour le salut du peuple, même au hasard de mourir sans succès. Vauvilliers ne recula pas devant une si terrible responsabilité; il envisagea la position avec une rare sûreté de coup d'œil, se mit résolûment à l'œuvre, et parvint, à l'aide d'auxiliaires actifs, intelligents et dévoués, à réunir les ressources qu'exigeait impérieusement la subsistance journalière de la grande cité. Il fit plus, et c'était là le point essentiel, il réussit à asseoir les approvisionnements sur des bases rassurantes et solides, en commandant des achats de grains à l'étranger et en faisant arriver des contrées voisines, avec une sage réserve, tout ce qui n'était pas absolument indispensable pour les besoins de ces localités. Sa prévoyance ne se trouva pas un seul moment en défaut; toutes les mesures qu'il prescrivit furent combinées avec une telle habileté et une telle supériorité de vues, elles furent exécutées avec tant de précision, d'ensemble et de célérité, que le danger fut conjuré, et qu'en peu de jours, comme par une sorte de prodige, l'abondance reparut au milieu d'une population qui la veille poussait déjà des cris d'alarme et de détresse.

Si l'Europe avait appris avec étonnement qu'une tâche si laborieuse et si difficile était dévolue à un simple homme de lettres, l'admiration succéda à ce premier moment de surprise lorsqu'on vit que le courageux administrateur était arrivé à ce résultat inespéré de maîtriser la situation, en présence d'une capitale inquiète, d'un peuple sans cesse agité, et que l'avenir tourmentait encore plus que le présent.

Il est juste de dire qu'il avait trouvé dans le ministre de l'intérieur, M. Necker, tout l'appui qu'il pouvait attendre de cette première autorité supérieure ; il s'était établi entre le ministre et lui une conformité de vues et une intimité de confiance qui n'avaient qu'un seul mobile, celui de bien servir le roi et d'être utiles à leurs concitoyens.

Il faut ajouter que l'administration de Vauvilliers ne se bornait pas seulement aux besoins de Paris ; elle s'étendait à tous les besoins du royaume (1), et c'est ce qui explique cette continuité de relations si fréquentes et si multipliées entre le ministre et le lieutenant de maire pour se concerter sur les moyens de ramener le jour de la prospérité.

Ce but avait été atteint ; mais il fallait que la fermeté de l'administrateur ne se laissât point intimider par la gravité toujours croissante des événements, qui se succédaient avec une effrayante rapidité. Elle était souvent mise à de rudes épreuves. C'est ainsi que, dans la nuit du 18 octobre, averti que des troubles suscités dans le faubourg Saint-Antoine par un groupe de boulangers, soutenus par des officiers de la garde nationale, prenaient un caractère sérieux, il n'hésite point à se porter précipitamment sur le lieu du tumulte. Son escorte est insultée et bientôt séparée de lui ; seul au milieu de la foule, il fait tête à l'orage, et parvient à ramener le calme par son sang-froid et son intrépidité ; mais ce ne fut pas sans être en butte à de violentes invectives, à d'outrageantes menaces. Au récit de ces faits un cri d'indignation s'élève dans l'assemblée de la commune ; elle ordonne que les coupables seront poursuivis pour être punis selon toute la rigueur des lois : mais le cœur de Vauvilliers s'émeut de la sévérité du châtiment qui les attend, et, par un élan spontané de générosité, il ne craint pas d'invoquer pour ces hommes égarés l'indulgence de ses collègues, qui ne consentent à ac-

(1) Voy. le rapport du 9 mai 1791 de la commission municipale chargée de l'examen des comptes de Vauvilliers.

céder à ce vœu de clémence que pour « lui donner une « preuve de la déférence et de l'estime que lui ont méritées « son zèle infatigable et son courage vraiment exemplaire ».

C'est ainsi encore que, le 31 octobre, seul à son poste à l'hôtel de ville, il signait l'ordre de repousser par la force les émeutiers qui assiégeaient les magasins de la rue Saint-Martin et du faubourg Saint-Antoine; acte de vigueur qui sauvait d'un pillage imminent l'unique ressource de Paris dans ce moment suprême.

Toujours prêt à s'opposer aux désordres partout où ils se produisaient, il eut plus d'une fois le bonheur, par l'ascendant de ce courage civil qui puisait ses forces dans le danger, de sauver la vie de boulangers méchamment signalés à l'animadversion des masses par des fauteurs de trouble et d'anarchie. Plus d'une fois aussi il lui fallut, sur les places publiques et sur les ports, haranguer le peuple pour apaiser d'injustes mécontentements ou pour faire respecter les décisions de l'autorité.

Si cette intervention de sa personne au milieu des rassemblements et des insurrections fut un service rendu à la chose publique dans un moment où le moindre attentat pouvait entraîner de sanglantes collisions, Vauvilliers ne déployait pas moins d'énergie en dehors du cercle de ses attributions administratives, en s'opposant, dans l'assemblée de la commune, à toutes les motions révolutionnaires que chaque jour voyait éclore. Aussi se prononça-t-il avec force contre l'institution primitive de la garde nationale, qui admettait dans ses rangs tous les citoyens sans exception, et n'offrait pas selon lui les garanties désirables d'ordre et de sécurité.

De même, lorsqu'on proposa à l'hôtel de ville l'abolition de l'esclavage dans les colonies françaises, il s'éleva contre cette motion avec la supériorité d'un publiciste qui savait embrasser l'avenir dans ses prévisions et calculer les immenses dangers d'une émancipation brusquement improvisée.

Ses talents grandissaient en raison des difficultés qu'il avait à vaincre, et ils le créèrent tout à coup homme d'action et de gouvernement. Il combattit avec une mâle énergie Danton et Legendre, qui demandaient avec l'acharnement passionné de leur fougue révolutionnaire l'établissement à Paris d'un comité des recherches : il pressentait tous les dangers de cette arme terrible, et on l'entendit, dans la chaleur de la discussion, prononcer ces paroles mémorables : « Vous « voulez de nouveaux éphores, des censeurs d'office, des in- « quisiteurs à gages, qui seront bientôt vos tyrans et les nô- « tres. Vous aimez les Danton, les Legendre, les comités des « recherches ! Eh bien, vous en aurez à satiété, dans tous les « coins de la France, partout où surgiront de viles passions ! « A qui vous en prendrez-vous quand vous en serez les pre- « mières victimes ? »

La puissante argumentation de l'orateur fit la plus vive impression sur l'assemblée, et quand on alla aux voix, elles se divisèrent en nombre égal. Deux épreuves successives amenèrent le même résultat, et la mesure ne fut adoptée que par l'adhésion de Bailly, qui, en sa qualité de président ayant voix prépondérante, se prononça en faveur de la motion.

Vauvilliers, s'étant aperçu que des personnes étrangères à l'assemblée et subrepticement introduites avaient pris part au vote, s'élance avec indignation à la tribune, et, ne gardant plus aucune mesure, apostrophe à la fois Bailly, Danton, le général Lafayette : « Applaudissez-vous, s'écrie-t-il, citoyen « maire, et tirez vanité de vous être fait aujourd'hui l'appui « de la cabale et le jouet de l'intrigue. Ce peuple que vous « flagornez, en adoptant avec tant de partialité les pernicieuses « opinions de ceux qui ne cherchent qu'à le séduire basse- « ment, vous en donnera bientôt la récompense ; et voici le « prix dont il payera vos services : il vous rassasiera d'op- « probre et d'ignominie au jour, trop prochain, où il vous « accompagnera de ses malédictions à l'échafaud, où le ci- « toyen Danton vous aura précédé. Quant à vous, général, il

« y aura longtemps que vous aurez fui votre patrie pour vous
« soustraire au sort qui leur est réservé. Pour moi, ajouta-
« t-il en se tournant vers les tribunes, ce peuple, ce bon
« peuple ne m'aimera jamais, parce que j'ai été obligé de lui
« dire souvent de rudes vérités; mais il me respectera tou-
« jours, parce que jamais je n'ai brigué ses faveurs aux dé-
« pens de ses intérêts. » Paroles sévères, malheureusement
trop prophétiques, et qui furent suivies d'un épouvantable
dénoûment !

Plus tard la constitution civile du clergé est proclamée, et
elle porte injonction à tous les ecclésiastiques de prêter pu-
bliquement serment de la maintenir de tout leur pouvoir.
C'était par la municipalité que cette mesure devait être exé-
cutée, et Vauvilliers venait d'être réélu (10 décembre 1790)
le premier des membres de la nouvelle administration. Cette
nomination avait éveillé de jalouses susceptibilités. On épiait
le moment d'éloigner un collègue dont la prépondérance
était trop marquée; la prestation du serment des prêtres fut
avidement saisie par des hommes dont l'amour-propre se
croyait froissé. Ils demandèrent avec insistance que Vauvilliers fût compris au nombre des délégués de la commune
pour cette mission; mais il la repoussa avec la dignité calme
de son noble caractère, et, séance tenante, il donna sa démission de lieutenant de maire et de membre du conseil municipal.

Il rend immédiatement les comptes de son administration
du département des subsistances. Une commission est nom-
mée pour procéder à leur vérification, et, après l'examen le
plus scrupuleux et le plus approfondi, elle en propose una-
nimement l'approbation; elle fait plus, elle déclare, dans un
passage de son rapport, un peu empreint du cachet du temps,
« que, par son intelligence et son activité, l'administrateur a
« sauvé la capitale du fléau dont elle était menacée, et a, pour
« ainsi dire, nourri la liberté dans son berceau en procurant
« la subsistance de cette immense cité; qu'enfin un service

« aussi signalé ne peut se payer que par la reconnaissance (1). »

Libre dès ce moment de toute préoccupation et rentré dans ses paisibles fonctions de professeur au Collége de France, Vauvilliers croit de son devoir de prendre la défense de l'Église contre la Constitution civile du Clergé. S'appuyant sur les décrets des conciles, sur l'autorité des Saints Pères et des plus savants théologiens, il attaque de front cette monstrueuse conception de l'Assemblée nationale, où l'athéisme le dispute au sophisme et à l'impiété, et où, dans un esprit de vertige, on n'avait pas craint de réglementer la religion et la discipline ecclésiastique comme un objet purement politique. L'entreprise était courageuse et hardie ; il eut le bonheur de prouver qu'elle n'était pas au-dessus de ses forces. Son ouvrage intitulé *Témoignage de la Raison et de la Foi contre la Constitution civile du Clergé* (1 vol. in-8°, 1791) eut coup sur coup deux éditions, qui furent rapidement enlevées. Il fut suivi, en 1792, d'une seconde partie (1 vol. in-8°), dans laquelle, se maintenant à la hauteur de son sujet, il réfute avec une irrésistible force de raisonnement les déplorables erreurs alors à l'ordre du jour.

L'obligation du serment imposé aux ecclésiastiques fut bientôt étendue à tous les fonctionnaires chargés de l'instruction publique, et par conséquent aux professeurs du Collége royal de France. Le refus de Vauvilliers de s'y soumettre devait nécessairement entraîner sa renonciation aux dernières fonctions publiques qui lui restaient, les seules auxquelles se trouvait attaché un traitement. Quoique sans fortune, il se résigna à ce dernier sacrifice. En tout autre temps ce devoir d'honneur et de conscience eût été admiré ; il n'attira sur lui qu'une indigne et brutale persécution. L'animosité dont il devint l'objet fut telle qu'il lui fallut quitter sur-le-champ l'appartement qu'il occupait au Collége de France, et qu'on le menaça de faire jeter ses meubles et ses livres par la

____

(1) Voy. le rapport déjà cité.

fenêtre, s'il ne les faisait emporter dans les vingt-quatre heures.

Dans cette perplexité, un de ses collègues voulut bien les recueillir chez lui, et l'un de ses amis lui donna une noble et généreuse hospitalité. Il en profita jusqu'au 10 août, jour de funeste mémoire, où revêtu d'un uniforme de garde national d'emprunt, il courait aux Tuileries pour se joindre aux défenseurs du roi ; dévouement désormais inutile ! Louis XVI venait de se livrer à ses plus cruels ennemis en cherchant un refuge dans le sein de l'Assemblée législative.

La révolution marchait à grands pas, entraînant tout. Vauvilliers quitta Paris, et se retira à Corbeil, chez son frère, directeur des magasins destinés à l'approvisionnement de la capitale. Il croyait le moment venu pour lui de s'occuper d'un grand travail sur les sociétés politiques, dont il avait depuis longtemps conçu le plan. Complétement en dehors du mouvement des affaires, il se persuadait qu'il serait désormais à l'abri de la persécution. Il se trompait : le repos dont il jouissait fut bientôt troublé. Le 22 octobre 1793 (1er brumaire an II), il fut arrêté comme suspect, hors de son domicile, et conduit immédiatement à la prison de la ville, mis au secret et privé de toute communication avec sa famille. C'était l'œuvre du comité de surveillance, du comité des recherches de Corbeil. Si arbitraire qu'elle fût, cette détention ne dura pas moins de quatre-vingt-trois jours. C'était à madame Vauvilliers, sa belle-sœur, qu'il était réservé d'y mettre un terme. Elle ne craignit pas d'aborder cette mission délicate, entourée aussi de quelque danger, et grâce à ses démarches courageuses et intelligentes au district de Versailles, dont le conventionnel Musset était le chef, grâce surtout au concours bienveillant et actif qu'elle rencontra dans son secrétaire, qui avait été l'élève de son frère au Collége de France, elle obtint l'ordre de mise en liberté.

Par un bonheur presque providentiel, les matériaux de ce grand ouvrage, que Vauvilliers affectionnait tant et qui faisait l'objet de toutes ses pensées, avaient pu, lors de son arrestation, être soustraits aux inquisiteurs révolutionnaires par les soins de son frère, et son premier mouvement en les ressaisissant fut de se jeter dans les bras de ce frère chéri et de remercier Dieu de lui avoir conservé ce précieux dépôt.

Il se remit à l'œuvre avec une nouvelle activité; mais il se trouva bientôt détourné de ses occupations favorites par une circonstance qu'il était loin de prévoir.

Ce fut en effet contre ses désirs que, du sein de sa tranquille retraite, au commencement de frimaire an IV (novembre 1795), il se vit rappelé dans l'administration par un homme d'État non moins recommandable par ses lumières que par ses sentiments d'impartialité, M. Bénézech, alors ministre de l'intérieur, qui ne le connaissait que de réputation.

Paris et la France entière étaient de nouveau menacés d'une disette, qui s'annonçait sous le plus sombre aspect. Il s'agissait d'une mission semblable à celle que Vauvilliers avait accomplie avec tant de succès en 1789 et 1790. Par dévouement à son pays, il revint sur la brèche; il accepta, quelque périlleux qu'il fût, le poste qui lui était offert spontanément et dans les termes les plus honorables par un ministre dont il estimait le caractère. Il fut nommé *agent supérieur du ministère de l'intérieur, spécialement chargé des subsistances :* c'était une véritable sous-secrétairerie d'État.

Tout changea de face sous sa direction expérimentée. Sous l'impulsion de son administration ferme et énergique le service si important confié à son patriotisme reprit sa régularité et son développement. Vauvilliers se multipliait même en quelque sorte, en se rendant de sa personne dans les centres de production et de mouture, afin de préparer et d'accélérer l'expédition et l'arrivage des farines qu'il y faisait réunir pour l'approvisionnement de Paris.

C'est pendant qu'il était à Corbeil que le ministre lui dépeignait toute sa perplexité. « Nous sommes, lui mandait-il

« dans une dépêche du 6 frimaire an IV, dans la plus grande
« pénurie ; les esprits s'exaspèrent ; une plus longue souf-
« france pourrait les soulever : tout serait perdu. Le Direc-
« toire exécutif veut que cette position fâcheuse cesse dans
« trois jours : il le faut, je l'ai promis. Il faut mettre tout en
« œuvre, coûte que coûte ; enfin sortons de cette crise ; arri-
« vons au 10 ou au 12, et nous sommes sauvés. »

Tel était le cri d'alarme, et c'était en présence d'une situation si critique que Vauvilliers avait pris possession de ses
fonctions. L'imminence du danger le fit redoubler de zèle et
d'efforts pour triompher de tous les obstacles. Les envois de
farine se succédèrent avec rapidité. Paris fut préservé de la
convulsion de la famine, et l'on y vit encore renaître, comme
par enchantement, l'ordre, la confiance et la sécurité.

Vauvilliers avait sans doute acquis quelques droits à la reconnaissance publique, et il avait lieu d'espérer de jouir désormais du fruit de ses travaux. Qu'advint-il cependant? Le
danger était à peine passé qu'une nouvelle épreuve l'attendait. Le ministre, avec tous les ménagements d'ailleurs qu'il
devait à un collaborateur qu'il honorait de toute son estime,
lui fit entendre qu'il ne pouvait plus différer de prêter le serment exigé de tous les fonctionnaires publics, le serment de
haine à la royauté. Vauvilliers était inflexible : aucune considération, aucune puissance au monde, ne pouvaient lui faire
abdiquer ses convictions ni les principes de toute sa vie.
« Citoyen ministre, lui dit-il, je comprends votre devoir,
« mais je comprends aussi le mien, et me demander ce ser-
« ment, c'est me demander ma démission : la voici ; elle es
« préparée depuis plusieurs jours, il n'y manque que la
« date. Il me restera, croyez-le bien, le regret de ne plus
« servir sous vos ordres et de voir cesser des relations qui
« m'étaient par-dessus tout agréables et dont je ne puis con-
« server que le plus reconnaissant souvenir. »

Cette fois encore il revint à Corbeil, auprès de son frère,
qui partageait ses opinions religieuses et politiques, et qui

joignait un grand sens à une profonde instruction. Il était auteur anonyme d'écrits très-fins et très-distingués, et l'un des collaborateurs les plus actifs de la *Maupeouana*, ou Correspondance familière et secrète du chancelier *Maupeou* (2 vol. in-12, 1773), contenant la plus virulente satire contre ce qu'on appelait alors le parlement Maupeou.

Dans cet asile de l'amitié, Vauvilliers reprit la suite de son travail sur les Sociétés politiques. Il y résuma d'immenses études, et resserra la matière dans ses résultats les plus nets. L'ouvrage était même tellement avancé qu'il pouvait songer à en faire commencer l'impression. Il vint dans ce but résider temporairement à Paris, dans un appartement que lui avait gracieusement offert dans son hôtel madame de Lamoignon, épouse de l'ancien garde des sceaux. Mais sa présence donna de l'ombrage au Directoire.

Sur ces entrefaites, l'autorité découvrit une conspiration royaliste, dont Laville-Heurnois, homme ardent, quoique sans importance personnelle, était le principal instigateur. Une note saisie dans ses papiers indiquait ses idées sur la meilleure composition d'un ministère du roi. Elle désignait Siméon pour la justice, Fleurieu pour la marine, Bénézech pour l'intérieur, Vauvilliers pour les subsistances, Cochon pour la police, Barbé Marbois pour les colonies. Il n'en fallut pas davantage pour éveiller les soupçons d'un gouvernement ébranlé et corrompu. Mais, chose incompréhensible ! c'est que, d'après une liste où tant d'autres noms se trouvaient inscrits avec celui de Vauvilliers, on le choisit *seul* pour le frapper d'une présomption de conspiration. Il était aussi le seul qui ne fût point garanti par la qualité de représentant du peuple. Les immenses services qu'il venait de rendre à ce même gouvernement en préservant Paris du fléau d'une famine imminente furent mis en oubli. Il fut arrêté le 13 pluviose an V, et transféré au bureau central, où il resta huit jours en état de dépôt et au secret. Ses papiers furent saisis, et entre autres plusieurs feuilles de son manuscrit sur les Sociétés politiques (1). Ce n'est que par une circonstance vraiment miraculeuse que les autres feuilles échappèrent à l'investigation des agents de la police, Vauvilliers ayant eu la présence d'esprit de jeter négligemment, pour prendre un habit, la robe de chambre qu'il portait, sur la boîte où elles étaient renfermées.

Du bureau central il fut conduit à la maison d'arrêt de Versailles, et traduit devant le directeur du jury, puis ramené à Paris le 1er ventôse (19 mars 1797), comme *témoin prétendu nécessaire* dans l'affaire du complot royaliste, qui avait été déférée à un conseil de guerre, enfin transféré de nouveau à Versailles.

C'est alors que, indigné des lenteurs et des tergiversations inexplicables de l'instruction du procès dans lequel il avait été si odieusement impliqué, Vauvilliers en appela à l'opinion publique dans deux brochures distribuées à un très-grand nombre d'exemplaires, tant à Paris qu'à Versailles. Il y démontrait, dans des termes à la fois énergiques et sévères, que l'accusation dirigée contre lui ne reposait sur aucune base, et, fort de son droit et de son innocence, il réclamait un prompt jugement. Enfin il y prouvait jusqu'à l'évidence que cette prétendue accusation n'avait d'autre but, but unique, que celui de renverser sa candidature au Conseil des Cinq Cents, dans les élections qui se préparaient pour le mois de germinal, et qu'il n'était traîné de prison en prison que pour atteindre cet indigne résultat : déplorable abus d'un pouvoir qui pour se maintenir appelait à son aide les mêmes violations de la justice et de l'humanité qu'il avait invoquées pour le conquérir !

Cette iniquité était trop flagrante pour ne point avoir un

____

(1) Ces feuilles, au nombre de quatorze, ont été imprimées sans aucun scrupule, avec les pièces du procès dirigé contre Laville-Heurnois, auquel elles n'avaient aucune espèce de rapport. Elles n'ont été restituées que longtemps après à la famille de l'auteur.

terme. Le tribunal criminel de Versailles ayant prononcé son incompétence, et le conseil de guerre ayant déclaré qu'il n'y avait pas lieu de le mettre en accusation, Vauvilliers fut enfin rendu à la liberté : tardive justice, qui ne précéda que de quelques jours la réunion du collége électoral de Seine-et-Oise, dont il faisait partie, comme l'un des délégués du district de Corbeil, qui, malgré son absence, l'avait nommé électeur presque à l'unanimité. Là encore une nouvelle difficulté fut soulevée. Un émissaire de la cabale directoriale, électeur comme lui, prétendit lui contester le droit de faire partie du collége, sous ce prétexte, qu'ayant déjà été nommé électeur l'année précédente, et s'étant abstenu, il se trouvait frappé d'incapacité légale. Vauvilliers n'eut pas de peine à réfuter cette misérable objection ; elle fut écartée sans discussion avec une sorte de dédain, et, en dépit des efforts de l'intrigue, il fut élu à une grande majorité membre du Conseil des Cinq Cents, le 23 germinal an V (12 avril 1797).

C'est là un des grands moments de sa vie. Sa présence dans cette assemblée lui permit de faire connaître de nouveau combien son esprit était propre aux affaires. Des premiers il concourut aux travaux positifs de la législature, des premiers il prit une part active dans les comités, des premiers il parut avec succès à la tribune. Il serait trop long d'énumérer la série des affaires dont il s'occupa spécialement : elles furent multipliées. C'est sur sa proposition qu'un acte de justice fut accordé à la famille Anisson-Duperron, à laquelle furent restituées les presses de l'Imprimerie nationale, dont elle avait été révolutionnairement dépouillée. Il parla sur les finances, sur la liberté indéfinie des cultes. Ses investigations embrassèrent successivement les armées, la marine, les colonies, les usurpations du pouvoir exécutif, qui ne se renouvelaient que trop souvent, le divorce, qu'il repoussait de toutes les forces de sa conviction. Ce rôle de député toujours préparé pour les objets importants ne fut malheureusement que de bien courte durée; mais il en employa les rapides moments et l'influence avec tant de distinction que, dans son passage aux Cinq Cents, il fut plus utile qu'un député ne l'est souvent en plusieurs années de législature. C'est que Vauvilliers réunissait la sagacité au courage; c'est qu'il avait ces connaissances variées, cette expérience, cette facilité de parole, qui permettent d'aborder les discussions les plus ardues et les plus diverses. Les périls que ramenait à des intervalles rapprochés le mouvement brusque et saccadé des événements, ne déconcertaient point sa fermeté; il était inébranlable au poste qui lui avait été confié.

Ami sincère de sa patrie, il se livrait tout entier à la satisfaction de la servir, lorsqu'une grande commotion politique vint briser sa carrière législative et remplir le reste de ses jours de trouble et de tristesse.

Il fut l'une des victimes du fameux coup d'État du 18 fructidor an V (4 septembre 1797), et l'un des quarante-deux membres du Conseil des Cinq Cents compris dans la liste de déportation, avec deux des cinq Directeurs et onze membres du Conseil des Anciens; mais la Providence ne l'abandonna pas dans cette trop mémorable catastrophe. Il parvint à se soustraire à une nouvelle arrestation. Prévenu à temps, il trouva le moyen de se réfugier dans une retraite qu'un ami dévoué avait su découvrir à la hâte. On lui improvisa une petite chambre dans la serre d'un jardin, et il y vécut quelque temps entouré des douces et pieuses consolations de ses hôtes. Il ne pouvait ignorer cependant qu'il était l'objet des recherches incessantes de la police, et, préoccupé de la crainte de compromettre les personnes qui l'avaient si noblement recueilli, il résolut de quitter la France. Il put parvenir, à l'aide d'un déguisement et d'un passeport obtenu sous un nom emprunté, à gagner la Suisse; mais ce pays fut bientôt révolutionné par les sourdes menées du Directoire, et il lui fallut aller plus loin chercher un asile.

Il se réfugia successivement à Constance et à Uberlin-

gen, en Souabe, où il put enfin goûter un peu de repos, et
d'où il lui fut possible pour la première fois, le 23 janvier
1798, sous le nom de *Devaud*, et plus tard sous celui de
Walbourg, de donner de ses nouvelles à sa famille, qui les
attendait avec une vive anxiété.

C'est à ce moment qu'il tourna ses regards vers la Russie.
Une circonstance heureuse l'avait mis en relation avec le
comte du Nord, depuis Paul Ier, pendant le voyage qu'il fit
en France, en 1782. Vauvilliers avait été du petit nombre des
académiciens qui avaient concouru à faire au prince les hon-
neurs du monde savant de Paris, et il avait reçu de S. A. I.
de nombreux et précieux témoignages de bienveillance, à
l'occasion surtout d'une séance de l'Académie à laquelle le
comte du Nord assistait, et où, lisant la traduction d'une
ode de Pindare pour l'un des heureux vainqueurs dans les
jeux Olympiques, il avait habilement encadré dans ses déve-
loppements quelques compliments, flatteurs à la fois pour
l'auguste étranger et pour l'Académie qu'il honorait de sa
présence. Il écrivit donc à l'empereur Paul pour lui demander l'autorisation d'aller se fixer dans ses États. La réponse
ne se fit pas attendre, et elle fut telle que Vauvilliers pouvait
le désirer. Le czar, par une lettre autographe, non-seulement
accédait au vœu de l'illustre proscrit, mais le pressait de se
rendre à Saint-Pétersbourg, en lui transmettant, dans les
termes les plus gracieux, l'ukase qui le nommait professeur
et membre de l'Académie impériale des Sciences avec toutes
les prérogatives attachées à ce double titre. Les souvenirs
particuliers du comte du Nord avaient déterminé cet acte de
noble et généreuse hospitalité. La personne qu'on accueil-
lait à Saint-Pétersbourg n'était point l'homme politique, le
député du Conseil des Cinq Cents; c'était le savant helléniste,
le membre distingué de l'Académie des Inscriptions et Belles-
Lettres.

Rien ne pouvant plus le retenir à Uberlingen, il hâta ses
préparatifs de départ, et, en passant devant Mittau, il crut

de son devoir d'aller présenter ses hommages à Louis XVIII,
qui venait d'y établir sa résidence. Ses sentiments d'attache-
ment à la dynastie des Bourbons n'avaient point perdu de
leur force : il ne pouvait oublier qu'il avait eu l'honneur d'être
placé sur la liste des personnes parmi lesquelles on se pro-
posait de choisir le gouverneur du Dauphin.

A peine arrivé dans sa patrie d'adoption, il fut installé
dans ses fonctions de professeur et de membre de l'Académie
impériale, et son cœur ressentit une profonde émotion des
marques touchantes de sympathie et de flatteuse distinction
qu'il reçut de cette illustre compagnie.

L'un de ses premiers soins fut de s'occuper de l'étude de
la langue russe. Il ne voulait point sous ce rapport se trou-
ver en trop grande infériorité avec ses nouveaux collègues.

En même temps il mettait la dernière main à son ouvrage
sur les sociétés politiques, son œuvre de prédilection, qu'a-
près des phases si diverses il avait sauvée de tant de périls en
en faisant coudre le manuscrit dans la doublure de ses ha-
bits (1). Tout était déjà disposé pour une très-prochaine impression, et il en pressait le moment de tout son pouvoir ;
mais la satisfaction dont il s'était flatté ne devait pas lui être
accordée : le ciel en avait autrement ordonné. La rigueur du
climat du Nord altéra sa santé, déjà chancelante depuis quelques années ; elle s'altéra vite, malgré les soins affectueux
dont il était entouré et les témoignages de haut intérêt dont
l'honora le successeur de Paul Ier, l'empereur Alexandre,
qui bien souvent avait la bonté d'envoyer demander de ses
nouvelles. Il languit quelque temps, et puis mourut, le 23
juillet 1801. Il mourut en sage et en chrétien, dans les bras
de M. l'abbé Nicolle, son compatriote et son ami, et de

(1) Vauvilliers avait confié ce manuscrit avec son testament à
M. l'abbé Nicolle, qu'il avait nommé son exécuteur testamentaire,
et qui s'est empressé de les transmettre à la famille du proscrit. Ce
serait une vraie satisfaction pour elle de produire au grand jour cet
important ouvrage, auquel l'auteur attachait tant de prix.

M. l'abbé Pinguilli, son confesseur, en faisant des vœux pour la France. C'est dans ces sentiments que s'éteignit cette belle vie traversée par tant et de si douloureuses vicissitudes, et à laquelle s'attache une si juste renommée.

Vauvilliers avait formé le projet de revoir sa patrie, et le jour de son départ était presque arrêté. Ce bonheur ne lui était pas non plus réservé.

Il avait vu la société de l'ancien régime dans tout son charme et dans tout son éclat; son amour des travaux scientifiques ne l'avait pas laissé étranger au monde. Il était aisé de remarquer sa connaissance du jeu des intérêts sociaux. Il avait été aimé et estimé des hommes éminents de son époque, et souvent il avait quitté la solitude de son cabinet pour se mêler au tourbillon qui les entraînait. Il était recherché pour la solidité et la grâce de sa conversation, pour ses vues droites et sages. Dès qu'il prenait la parole, sa supériorité était bien dessinée, et pourtant l'usage du monde le plus brillant n'avait point effacé les aspérités de son caractère ferme et indépendant.

Dépouillée d'émotions, sa parole était toujours élégante et facile. Dans les élans, elle avait de la verve, du feu et de l'entraînement. Elle avait ces traits animés que l'orateur jette çà et là avec un grand effet : il ne lui fallait que l'étincelle. Sa manière était à la fois brillante et incisive, et les adversaires même de Vauvilliers au Conseil des Cinq Cents lui rendaient cette justice, que dans maintes discussions il avait exposé avec autant de lucidité que de profondeur les véritables principes de la politique française, et que, malgré les préventions inspirées par ses opinions monarchiques, il commandait et captivait l'attention de l'assemblée.

Son attitude était noble, sa taille élevée. Ses yeux étaient vifs, animés, pénétrants; mais son caractère se raidissait dans la discussion, et il ne changeait guère d'avis. Sa figure, modelée à grands traits, ne cachait pas ses sentiments. Au repos, elle était calme et spirituelle. Telle est l'esquisse de sa personne.

Vauvilliers avait été élevé par son père dans les meilleurs principes religieux; mais il ne les avait pas toujours suivis et pratiqués avec une exacte régularité. C'est à une circonstance fortuite qu'il dut le bonheur de les voir reprendre leur empire sur lui, en ravivant la vivacité de sa foi et de sa piété. Dans une nuit de 1786 il eut un songe dans lequel il se crut transporté au jugement de Dieu, et il en ressentit une impression si saisissante et si profonde que ses cheveux blanchirent subitement : changement instantané, qui excita la surprise de tous ceux qui le voyaient le plus intimement. Plusieurs biographies ont rapporté ce fait extraordinaire de diverses manières. Le voici dans toute sa vérité, et tel que Vauvilliers l'a souvent raconté à son frère. « J'ai vu, disait-il, « l'ange exterminateur creuser ma fosse avec son glaive étincelant. Elle était dans le cimetière Saint-Benoît, à côté de « celle de mon père. Voilà ta place, s'écria-t-il d'une voix « terrible; mais ce saint homme a prié pour toi, et Dieu m'a « dit : Suspends tes coups; je lui donne encore demain. »

Depuis ce moment Vauvilliers abjura toutes les erreurs dans lesquelles l'avaient entraîné une jeunesse passionnée et ses liaisons avec les philosophes les plus éminents de son temps. Sa vie devint exemplaire, et présenta l'image de toutes les vertus.

Il sortit pauvre des hautes fonctions publiques qu'il avait remplies avec tant de distinction et avec un désintéressement tel, qu'à sa mort il fallut vendre son modeste mobilier et sa bibliothèque pour acquitter les plus humbles dettes.

M. Thiers, dans son *Histoire de la Révolution*, ne dit que quelques mots de Vauvilliers, à l'occasion des élections de l'an V, et il ressort de cette citation, inexacte au fond, et laissant beaucoup à désirer pour la forme, qu'il ignorait complétement ce qu'était le député des Cinq-Cents (1); qu'il

____

(1) Consulter à cet égard soit le *Moniteur*, soit la *Biographie universelle* de Michaud.

ignorait sa haute position sociale et la réputation incontestée qu'il s'était acquise comme savant professeur au Collége de France, comme l'un des membres distingués de l'Académie des Inscriptions et Belles-Lettres, comme ancien président de la commune de Paris, et comme administrateur intrépide, qui deux fois dans l'espace de six années avait par son habileté arraché Paris aux horreurs de la famine.

Un autre éminent écrivain, M. de Barante, dans sa belle et consciencieuse *Histoire du Directoire* (t. II, p. 177), en rappelant tous les titres de Vauvilliers à l'estime publique, a rétabli les faits dans toute leur pureté, et lui a consacré quelques pages où la vérité reprend son empire. Il a réparé l'oubli commis, bien involontairement sans doute, par M. Thiers, dans la précipitation de sa plume. Car enfin cette triple capacité, qui brille d'abord dans les études savantes, qui se déploie ensuite dans l'administration des services publics que la révolution improvise dans sa marche, qui se·signale avec éclat à la tribune du Conseil des Cinq Cents, cette triple supériorité est un fait qui s'est peu multiplié et qui honore les lettres. Elle prouve une flexibilité d'esprit, une aptitude aux affaires, une justesse de sens dans les choses pratiques, que le monde ne consent pas toujours à accorder aux hommes d'études.

Vauvilliers, et c'est le jugement porté sur lui par ses contemporains, est plus qu'un illustre helléniste : c'est un administrateur pur, courageux, habile; c'est un grand citoyen.

V.